Novena al
ÁNGEL DE LA GUARDA
Por: Bernabé Pérez

© Calli Casa Editorial, 2012
Yhacar Trust 2021
Todos los derechos registrados. Prohibida la reproducción total o parcial de esta obra en todo su contenido: texto, dibujos, ideas e ilustraciones de portada, sin autorización por escrito.

◆

www.solonovenas.com
#2500-012HC

ACERCA DEL ÁNGEL DE LA GUARDA

El Ángel de la Guarda habita dentro de nosotros. Puede ser invisible a los ojos, pero no para el alma. Lo escuchamos en forma de "intuición". Es la voz que nos trae del cielo mensajes hermosos de paz y alegría. Nos habla de amor, de esperanza. Nos invita a ayudar a los demás, a obrar con bondad, que es una forma muy efectiva de protegernos también a nosotros mismos.

El Ángel Custodio que llevamos dentro tiene tareas diversas. En momentos felices nos invita a la calma, a la reflexión. En momentos difíciles nos da ánimo. Ante la duda, ofrece la sensatez de su consejo. En todo momento, nos da valor, nos da alegría y energía. Cuando lo necesitamos, nos ayuda a tranquilizar nuestra mente para que podamos escuchar al espíritu.

Una de las tareas más importantes del Ángel de la Guarda es acercarnos a la oración. A través de la oración, conectamos nuestro cuerpo físico y nuestra mente con nuestro cuerpo espiritual. La oración es el vehículo que Dios dio al hombre para entablar diálogos directos con Él. Allí podemos escuchar bien al Ángel Custodio y podemos también escuchar a Dios.

Para contactar al Ángel de la Guarda hay que dialogar con él. Empieza por darle un nombre. Luego puedes contarle tus alegrías y tus preocupaciones. Continuamente ofrece a tu Ángel flores o inciensos de aromas florales. Cuando pidas algo, pon mucha atención a lo que suceda a tu alrededor. La respuesta puede estar detrás de cualquier hecho cotidiano.

MILAGRO

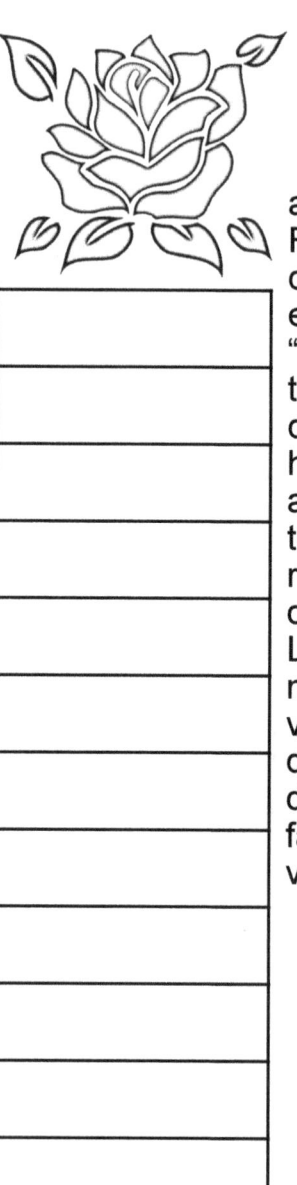

Hace tiempo unos delincuentes intentaron asaltar al congresista Renzo Reggiardo de Perú. Su hija de sólo nueve años de edad enfrentó a los atacantes. "vete, vete tonto" gritaba al tiempo que golpeaba a uno de ellos con la mano. Salió herida con una bala que le atravesó completamente el tórax. Estuvo internada varios días. Ellos se encomendaron al Ángel de la Guarda. La niña salió del peligro de muerte. Pronto se recuperó y volvió a casa donde terminó de restablecerse. Agradecidos por este milagro toda la familia da testimonio del favor recibido.

HAGA SU PETICIÓN

Aquí estoy hincado a tus pies.

Con la luz de tus quinqués que no tienen comparación alumbra a este humilde feligrés
que viene a hacerte esta petición.

Te ruego con todo mi corazón me concedas... (se hace la petición)

Esto es un asunto de interés te suplico tu atención me des. Concédeme lo que te pido en esta ocasión y con tu divina protección me ayudes, para que seas tú siempre mi salvación.

ORACIÓN DIARIA

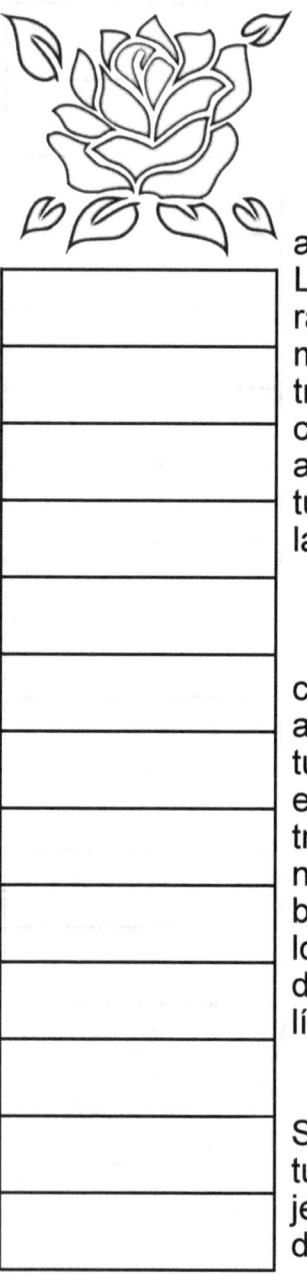

Ángel de mi Guarda, dulce compañía, quédate a mi lado de noche y de día. Las horas que pasan, las horas del día, si tú estás conmigo, serán de alegría. Cuatro esquinitas tiene mi cama, cuatro angelitos guardan mi alma. Ven siempre a mi lado, tu mano en la mía, ¡Ángel de la Guarda, dulce compañía!

Padre Nuestro, que estás en el cielo, santificado sea tu nombre; venga a nosotros tu reino; hágase tu voluntad, en la tierra como en el cielo. Danos hoy nuestro pan de cada día; perdona nuestras ofensas, como también nosotros perdonamos a los que nos ofenden; no nos dejes caer en la tentación, y líbranos del mal. Amén.

Dios te salve, María, llena eres de gracia, el Señor es contigo. Bendita tú eres entre todas las mujeres, y bendito es el fruto de tu vientre: Jesús. Santa

María, Madre de Dios, ruega por nosotros, pecadores, ahora y en la hora de nuestra muerte. Amén.

Gloria al Padre, al Hijo y al Espíritu Santo. Como era en el principio, ahora y siempre, por los siglos de los siglos. Amén.

PRIMER DÍA

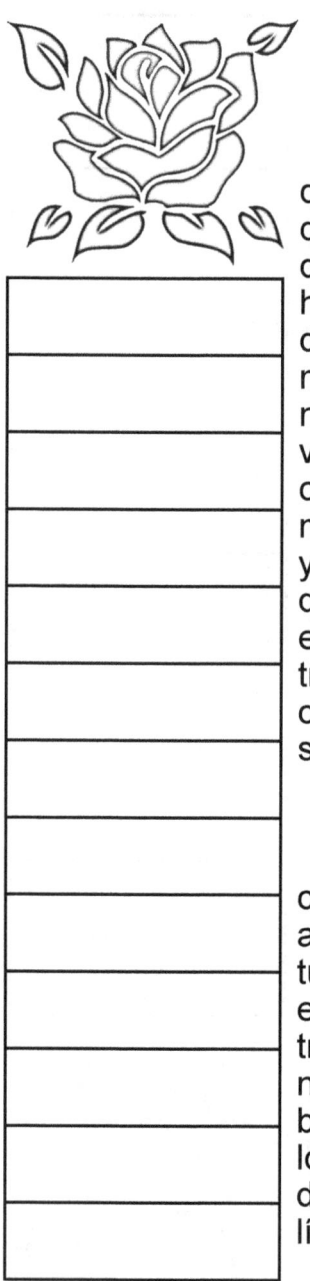

De dos alas armado, espíritu de una pieza, quiero conocer tu rostro, quiero ver tu belleza. Sé bien que tienes presencia, me lo ha dicho el Señor. Tan pegado, tan junto, que estás en mi interior. Dime por favor tu nombre, déjame escuchar tu voz, prometo guardar el secreto con celosía feroz. Para mí tú eres guía, eres escudo y hado, eres el sabio susurro que me tiene embelesado. Y entre más platiquemos, entre más juntos estemos, más comunión habrá y mejor nos sentiremos.

Padre Nuestro, que estás en el cielo, santificado sea tu nombre; venga a nosotros tu reino; hágase tu voluntad, en la tierra como en el cielo. Danos hoy nuestro pan de cada día; perdona nuestras ofensas, como también nosotros perdonamos a los que nos ofenden; no nos dejes caer en la tentación, y líbranos del mal. Amén.

Dios te salve, María, llena eres de gracia, el Señor es contigo. Bendita tú eres entre todas las mujeres, y bendito es el fruto de tu vientre: Jesús. Santa María, Madre de Dios, ruega por nosotros, pecadores, ahora y en la hora de nuestra muerte. Amén.

Gloria al Padre, al Hijo y al Espíritu Santo. Como era en el principio, ahora y siempre, por los siglos de los siglos. Amén.

SEGUNDO DÍA

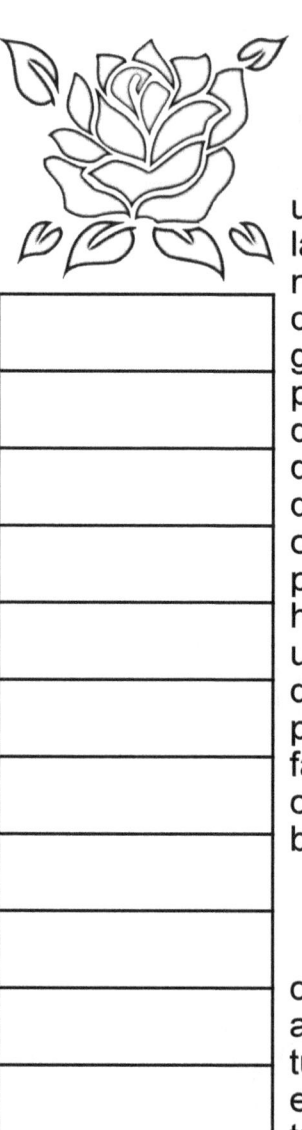

Dios lo ha comandado, nuestros destinos son uno, contigo siempre a mi lado, los miedos tienen ayuno. Dejar la voz en silencio, dejar que hable el alma. Ángel en advenimiento, que se presenta en mi casa. Dejar que el cuerpo descanse, que se encuentre relajado y que mi espíritu hable, que se oiga tu voz afable. Que tus palabras me digan, a dónde han de ir mis pasos. Contigo uniendo los lazos, me lleno de puros abrazos. Con tus palabras de aliento, no me faltará energía. Y al final de cada día, hallaré siempre buen puerto.

Padre Nuestro, que estás en el cielo, santificado sea tu nombre; venga a nosotros tu reino; hágase tu voluntad, en la tierra como en el cielo. Danos hoy nuestro pan de cada día; perdona nuestras ofensas, como también nosotros perdonamos a los que nos ofenden; no nos dejes caer en la tentación, y líbranos del mal. Amén.

Dios te salve, María, llena eres de gracia, el Señor es contigo. Bendita tú eres entre todas las mujeres, y bendito es el fruto de tu vientre: Jesús. Santa María, Madre de Dios, ruega por nosotros, pecadores, ahora y en la hora de nuestra muerte. Amén.

Gloria al Padre, al Hijo y al Espíritu Santo. Como era en el principio, ahora y siempre, por los siglos de los siglos. Amén.

TERCER DÍA

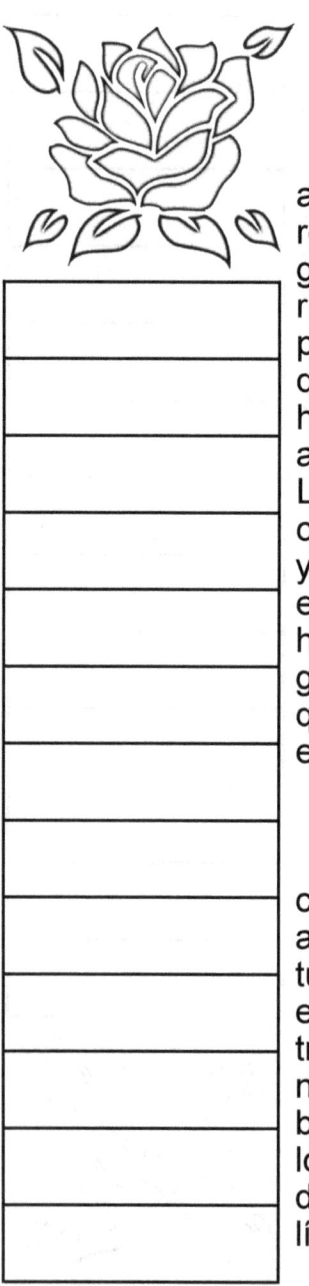

Oídos quiero pedirte, oídos a mis ofrendas, mi alma he de abrirte, sin pudores, sin riendas. En ti yo ciego confío, tu divina sabiduría, ha de ser grande alivio, paz, remanso y guía. Cosas que quiero contarte, son la historia de una vida. Penas y alegrías hay en mi biografía. Las penas yo quiero soltar, como quien deja el pasado y mirar siempre al futuro con espíritu renovado. También hay fiesta en mi alma, alegrías por compartir, dichas que he de contarte y que te encantará oír.

Padre Nuestro, que estás en el cielo, santificado sea tu nombre; venga a nosotros tu reino; hágase tu voluntad, en la tierra como en el cielo. Danos hoy nuestro pan de cada día; perdona nuestras ofensas, como también nosotros perdonamos a los que nos ofenden; no nos dejes caer en la tentación, y líbranos del mal. Amén.

Dios te salve, María, llena eres de gracia, el Señor es contigo. Bendita tú eres entre todas las mujeres, y bendito es el fruto de tu vientre: Jesús. Santa María, Madre de Dios, ruega por nosotros, pecadores, ahora y en la hora de nuestra muerte. Amén.

Gloria al Padre, al Hijo y al Espíritu Santo. Como era en el principio, ahora y siempre, por los siglos de los siglos. Amén.

CUARTO DÍA

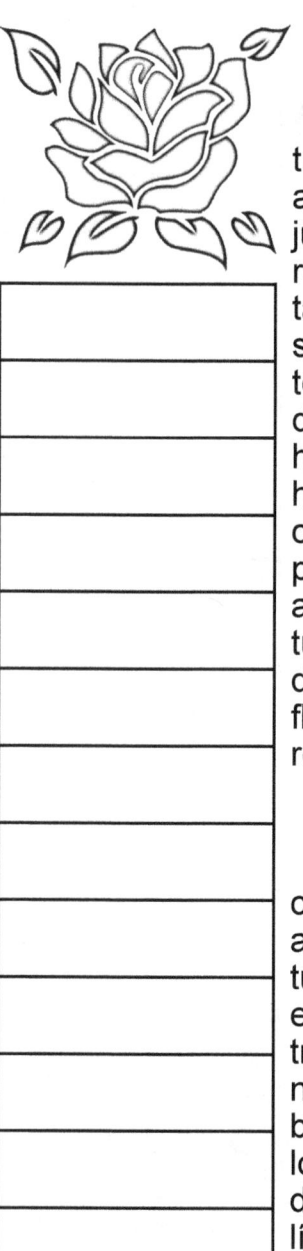

Ven, Ángel de Guarda, entra a éste, tu hogar. Déjame apapacharte y junto contigo jugar. Sé que te gustan las rosas, begonias y margaritas, las lilas y las azaleas, son de tus favoritas. Sé que te gustan las dalias, caléndulas y belladonas, de azahares y girasoles haz hecho hermosas coronas. Te ofrezco humilde mil flores, con pétalos y pistilos, sé que su aroma excelso llega a poner tu alma en vilo. He perfumado mi casa, con tus favoritas flores, para llenar de placeres al Ángel de mis amores.

Padre Nuestro, que estás en el cielo, santificado sea tu nombre; venga a nosotros tu reino; hágase tu voluntad, en la tierra como en el cielo. Danos hoy nuestro pan de cada día; perdona nuestras ofensas, como también nosotros perdonamos a los que nos ofenden; no nos dejes caer en la tentación, y líbranos del mal. Amén.

Dios te salve, María, llena eres de gracia, el Señor es contigo. Bendita tú eres entre todas las mujeres, y bendito es el fruto de tu vientre: Jesús. Santa María, Madre de Dios, ruega por nosotros, pecadores, ahora y en la hora de nuestra muerte. Amén.

Gloria al Padre, al Hijo y al Espíritu Santo. Como era en el principio, ahora y siempre, por los siglos de los siglos. Amén.

QUINTO DÍA

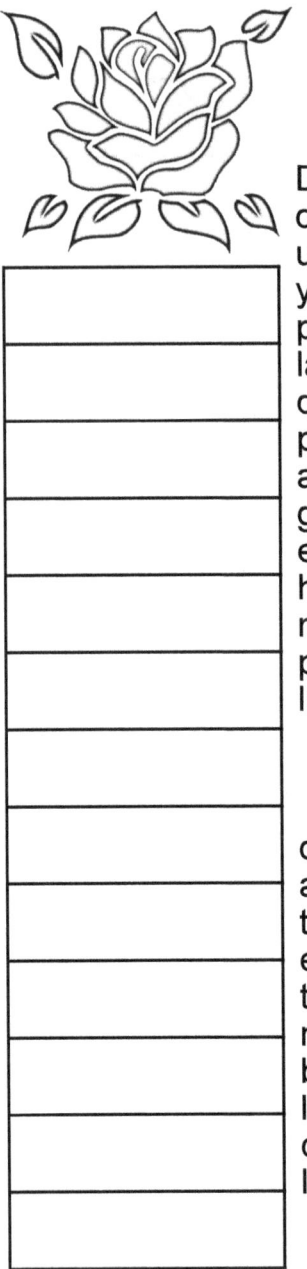

Ven, Ángel de Guarda, entra a éste, tu hogar. Déjame apapacharte, y junto contigo jugar. Quiero leerte un libro, leer despacio para ti y que te sientas cómodo reposando junto a mí. Hay palabras, hay historias que sé que te gusta escuchar, y sólo por complacerte yo te las voy a contar. Son palabras sagradas, son historias donde el bien sabe salir adelante, hasta formar un edén. A mí me gusta oírlas y contarlas para ti. Son historias muy felices, luz de nuestro porvenir.

Padre Nuestro, que estás en el cielo, santificado sea tu nombre; venga a nosotros tu reino; hágase tu voluntad, en la tierra como en el cielo. Danos hoy nuestro pan de cada día; perdona nuestras ofensas, como también nosotros perdonamos a los que nos ofenden; no nos dejes caer en la tentación, y líbranos del mal. Amén.

Dios te salve, María, llena eres de gracia, el Señor es contigo. Bendita tú eres entre todas las mujeres, y bendito es el fruto de tu vientre: Jesús. Santa María, Madre de Dios, ruega por nosotros, pecadores, ahora y en la hora de nuestra muerte. Amén.

Gloria al Padre, al Hijo y al Espíritu Santo. Como era en el principio, ahora y siempre, por los siglos de los siglos. Amén.

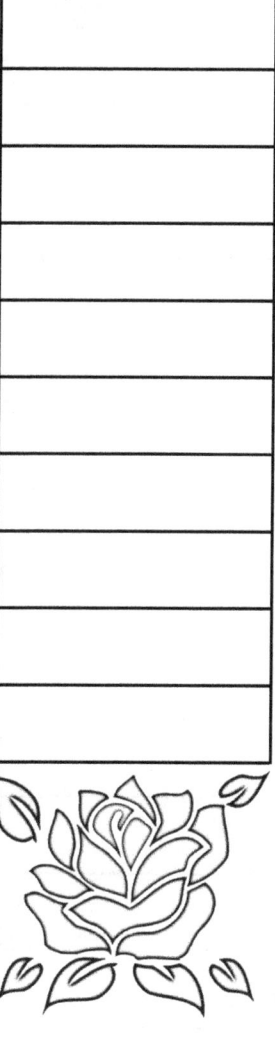

SEXTO DÍA

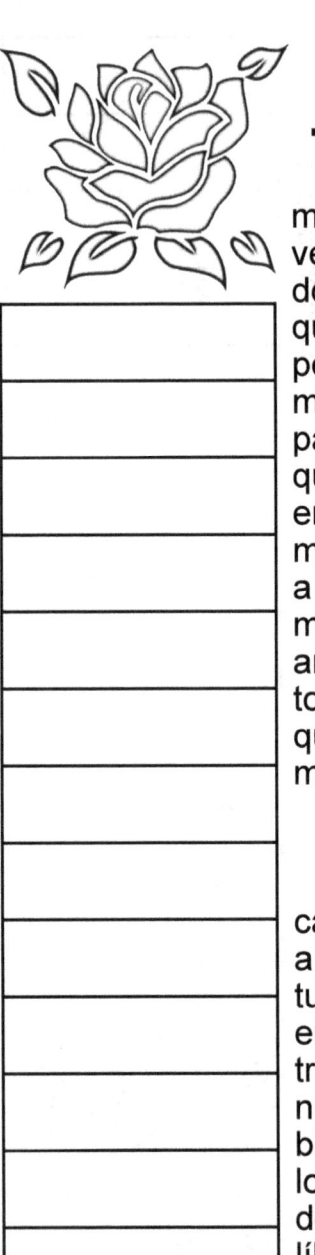

También yo quiero pedirte, Ángel de la Guarda mío, protección ante lo adverso y ante lo desconocido. La gente comete errores que a uno pueden dañar. No permitas a mis pasos en lo malo tropezar. Y si algo malo pasa, dame temple y tesón, que encuentre yo la salida en la mejor dirección. Dale a mi razón buen juicio, calma a mi corazón, que siempre el mejor camino está lleno de amor. Yo te pido que tu manto sea escudo y melodía, que sea barco y tesoro que me acerque al nuevo día.

Padre Nuestro, que estás en el cielo, santificado sea tu nombre; venga a nosotros tu reino; hágase tu voluntad, en la tierra como en el cielo. Danos hoy nuestro pan de cada día; perdona nuestras ofensas, como también nosotros perdonamos a los que nos ofenden; no nos dejes caer en la tentación, y líbranos del mal. Amén.

Dios te salve, María, llena eres de gracia, el Señor es contigo. Bendita tú eres entre todas las mujeres, y bendito es el fruto de tu vientre: Jesús. Santa María, Madre de Dios, ruega por nosotros, pecadores, ahora y en la hora de nuestra muerte. Amén.

Gloria al Padre, al Hijo y al Espíritu Santo. Como era en el principio, ahora y siempre, por los siglos de los siglos. Amén.

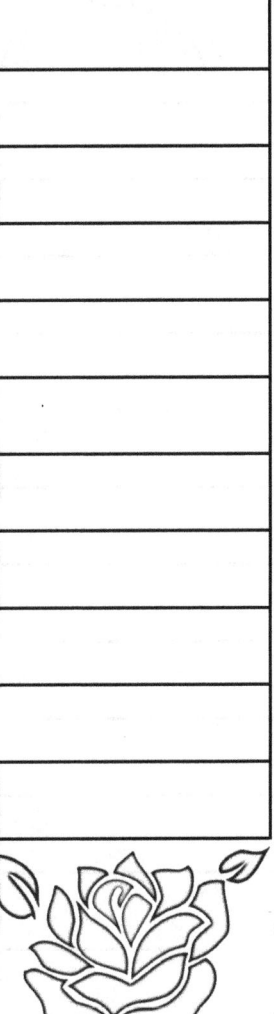

SÉPTIMO DÍA

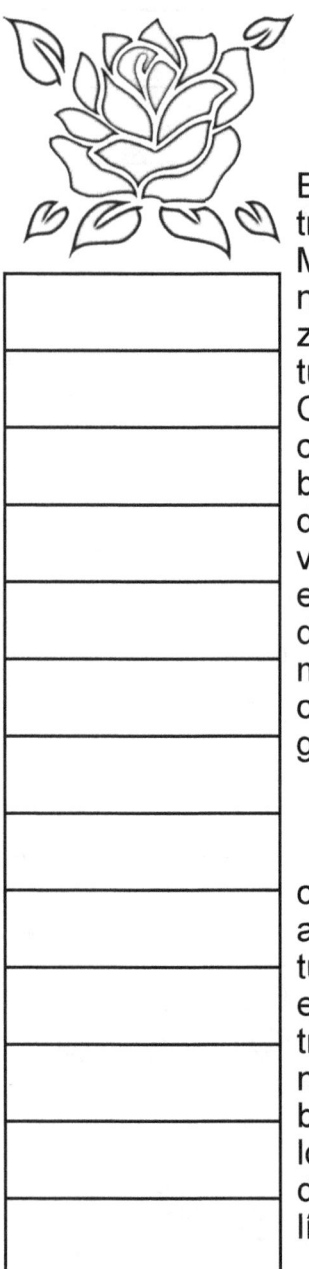

Eres norte, eres faro de los mares de la vida. Eres, Ángel adorado, la estrella del cielo que guía. Muéstrame el mejor camino, con humildad y grandeza, la ruta para seguirte con tu buen consejo empieza. Cuando la vida presente opciones y confusiones. Yo sabré seguir tu rastro cumpliendo mis oraciones. Eres la vela encendida, eres verbo, eres luz. Eres, Ángel adorado, de mi tierra el orozuz. Y me siento alegre, bendito y calmado, porque voy bajo la guía de mi Ángel adorado.

Padre Nuestro, que estás en el cielo, santificado sea tu nombre; venga a nosotros tu reino; hágase tu voluntad, en la tierra como en el cielo. Danos hoy nuestro pan de cada día; perdona nuestras ofensas, como también nosotros perdonamos a los que nos ofenden; no nos dejes caer en la tentación, y líbranos del mal. Amén.

Dios te salve, María, llena eres de gracia, el Señor es contigo. Bendita tú eres entre todas las mujeres, y bendito es el fruto de tu vientre: Jesús. Santa María, Madre de Dios, ruega por nosotros, pecadores, ahora y en la hora de nuestra muerte. Amén.

Gloria al Padre, al Hijo y al Espíritu Santo. Como era en el principio, ahora y siempre, por los siglos de los siglos. Amén.

OCTAVO DÍA

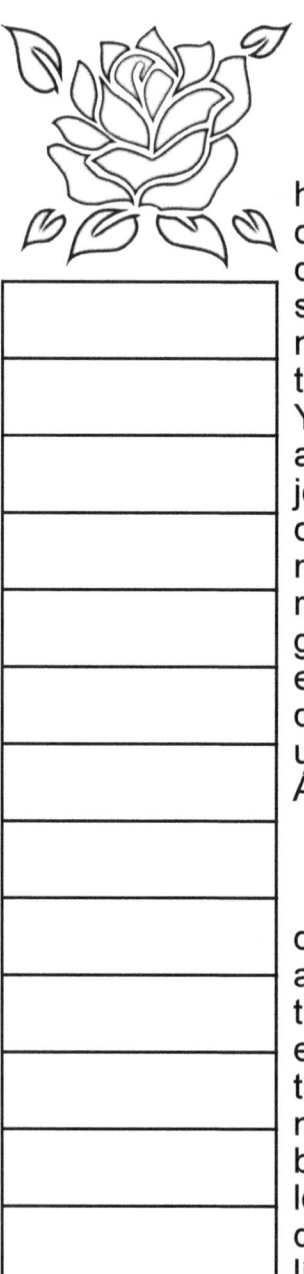

Sé que te comunicas, sé que también me hablas, que hay mensajes ocultos, puertas que quieres que abra. Bien sé que dejas señales en las cosas cotidianas, en los hechos de la gente, en cristales y campanas. Ya voy abriendo los ojos, voy afinando oídos a los mensajes que dejas con misterio colorido. Cada vez escucho más, cada vez veo más claro que tus divinos mensajes guían directo a tu amparo. Y es que nos vamos fundiendo, nos estamos abrazando, uno solo vamos siendo, tú mi Ángel y yo humano.

Padre Nuestro, que estás en el cielo, santificado sea tu nombre; venga a nosotros tu reino; hágase tu voluntad, en la tierra como en el cielo. Danos hoy nuestro pan de cada día; perdona nuestras ofensas, como también nosotros perdonamos a los que nos ofenden; no nos dejes caer en la tentación, y líbranos del mal. Amén.

Dios te salve, María, llena eres de gracia, el Señor es contigo. Bendita tú eres entre todas las mujeres, y bendito es el fruto de tu vientre: Jesús. Santa María, Madre de Dios, ruega por nosotros, pecadores, ahora y en la hora de nuestra muerte. Amén.

Gloria al Padre, al Hijo y al Espíritu Santo. Como era en el principio, ahora y siempre, por los siglos de los siglos. Amén.

NOVENO DÍA

Que sirvan las viandas, que suene la orquesta, que la casa ría, hoy es día de fiesta. Es la comunión con el Ángel mío, que me tiene alegre y de gusto río. Yo lo he encontrado, de mi Guarda el Ángel y es de celebrarse el milagro dado. Que estando muy juntos al futuro vemos, y con tiempo y hambre nos lo comeremos. Hoy es día de gozo, de amor y alegría, hoy hay fiesta dentro de la casa mía.

Padre Nuestro, que estás en el cielo, santificado sea tu nombre; venga a nosotros tu reino; hágase tu voluntad, en la tierra como en el cielo. Danos hoy nuestro pan de cada día; perdona nuestras ofensas, como también nosotros perdonamos a los que nos ofenden; no nos dejes caer en la tentación, y líbranos del mal. Amén.

Dios te salve, María, llena eres de gracia, el Señor es contigo. Bendita tú eres entre todas las mujeres, y bendito es el fruto de tu vientre: Jesús. Santa María, Madre de Dios, ruega por nosotros, pecadores, ahora y en la hora de nuestra muerte. Amén.

Gloria al Padre, al Hijo y al Espíritu Santo. Como era en el principio, ahora y siempre, por los siglos de los siglos. Amén.

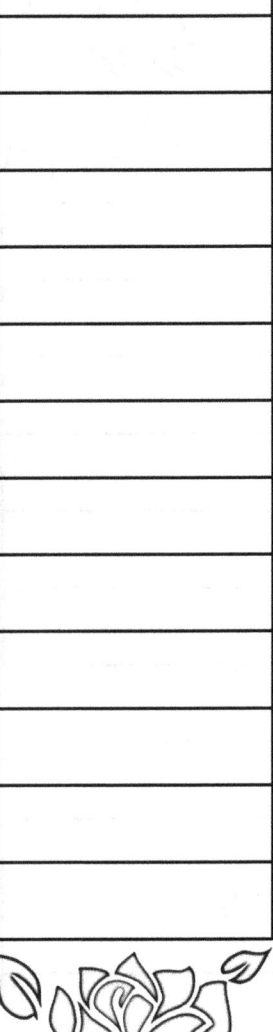

ORACIÓN FINAL

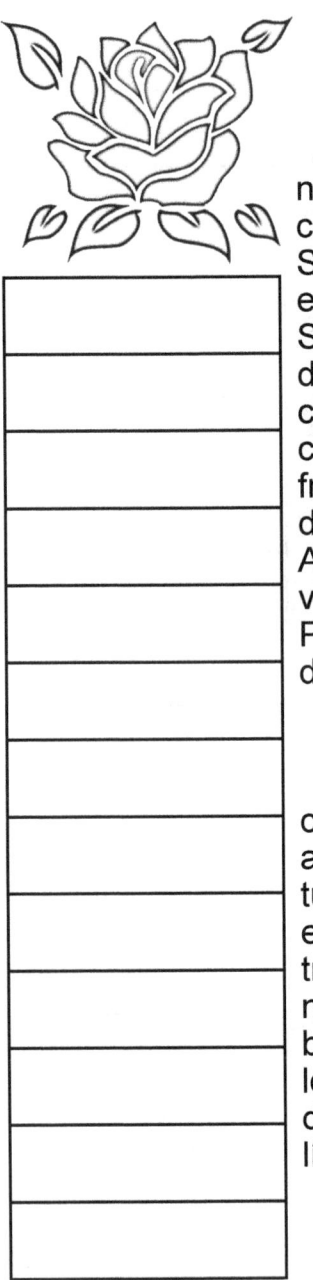

Adorado Ángel de la Guarda te dedico esta novena para que me des tu compañía de noche y de día. Sé tú mi guía en todo lo que emprenda. Te ruego Ángel Santo ilumina con tu Sagrada luz mi senda. Cúbreme con tu manto para darme tu calor; que mi noche no sea fría. Dulce Ángel de mi guarda llena mi hogar de alegría. Aletea con tus divinas alas y ven a proteger mi vivienda. Para que nada nos falte Bendito Ángel de María.

Padre Nuestro, que estás en el cielo, santificado sea tu nombre; venga a nosotros tu reino; hágase tu voluntad, en la tierra como en el cielo. Danos hoy nuestro pan de cada día; perdona nuestras ofensas, como también nosotros perdonamos a los que nos ofenden; no nos dejes caer en la tentación, y líbranos del mal. Amén.

Dios te salve, María, llena eres de gracia, el

Señor es contigo. Bendita tú eres entre todas las mujeres, y bendito es el fruto de tu vientre: Jesús. Santa María, Madre de Dios, ruega por nosotros, pecadores, ahora y en la hora de nuestra muerte. Amén.

Gloria al Padre, al Hijo y al Espíritu Santo. Como era en el principio, ahora y siempre, por los siglos de los siglos. Amén.

Papá Dios: que tu sabiduría nos guíe; que tu luz ilumine nuestro camino; que tu amor nos de paz; que tu poder nos proteja, y que por donde quiera que caminemos, tu presencia nos acompañe. Gracias Papá Dios que ya nos oíste. Amén.

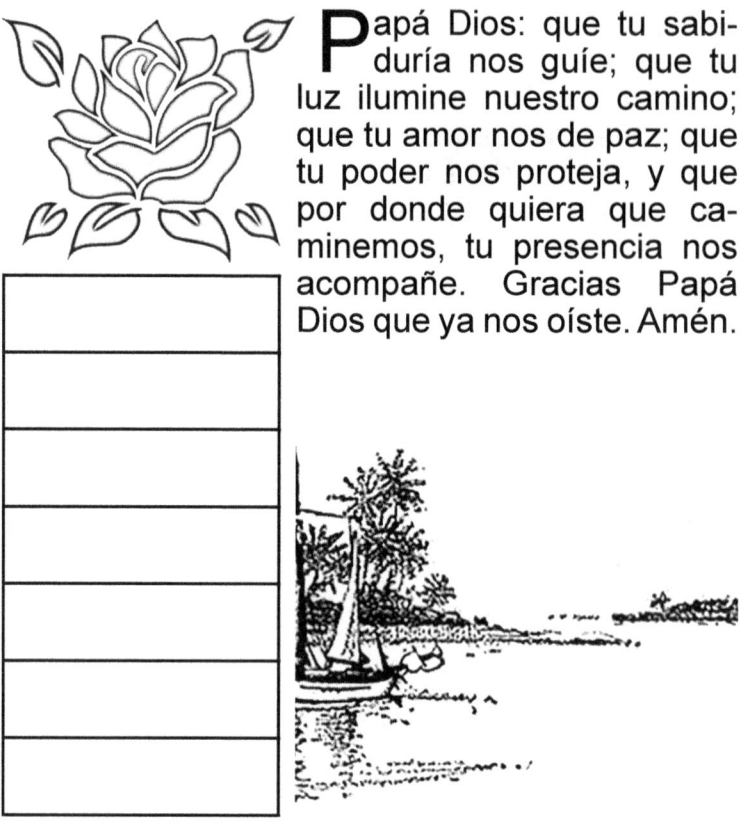

www.ingramcontent.com/pod-product-compliance
Lightning Source LLC
Chambersburg PA
CBHW070634150426
42811CB00050B/294